Título original: *Siate gentili con le mucche. La storia di Temple Grandin*
© 2015 Editoriale Scienza S.r.l., Firenze – Trieste
www.editorialescienza.it
www.giunti.it
Autora: Beatrice Masini
Ilustraciones: Vittoria Facchini
Proyecto gráfico: Alessandra Zorzetti
Material complementario: Stefania Ucelli y Francesco Barale

Fotografías: contracubierta, pág. 3: © Steve Jurvetson

Traducción: Carmen Ternero Lorenzo
© 2021 Ediciones del Laberinto, S. L., para la edición mundial en castellano

ISBN: 978-84-1330-103-7
Depósito legal: M-20514-2021
THEMA: YNB / BISAC: JNF007120
www.edicioneslaberinto.es
Impreso en UE

Cualquier forma de reproducción, distribución, comunicación pública o transformación de esta obra solo puede ser realizada con la autorización de sus titulares, salvo excepción prevista por la ley. Diríjase a CEDRO (Centro Español de Derechos Reprográficos) si necesita fotocopiar o escanear algún fragmento de esta obra (www.conlicencia.com <http://www.conlicencia.com/>; 91 702 19 70 / 93 272 04 47).

Beatrice Masini

SED AMABLES CON LAS VACAS
La historia de Temple Grandin

Ilustrado por Vittoria Facchini

Prólogo

La vaca es enorme. Con el hocico húmedo, los labios oscuros y las orejas que se mueven. Detrás de ella, el cielo es de un azul fuerte, casi imposible.
Clic.
Se acerca y es aún más grande. Los ojos brillantes, el aliento dulce del heno. Calor.
Clic.
Clic.
Clic.
Me tumbo boca arriba. La vaca se acerca más. Me olisquea. Saca la lengua y me roza. Después, insegura, empieza a lamerme. El contacto es tan áspero que casi duele. Dejo que lo haga.
De la cabeza pasa a las manos. Le gustan mucho, a lo mejor porque están un poco saladas.
A los animales no les gusta lo nuevo. Pero son muy curiosos. Tener curiosidad es su forma de afrontar las cosas nuevas. Cualquier cosa nueva puede ser una oportunidad. Yo no sé qué oportunidad soy para una vaca tan negra como el terciopelo. Pero sé que le gusto, que no le doy miedo.
Sé que aquí me siento bien.

*Estar tumbada entre un grupillo de vacas Black Angus es una buena aventura. Son negras, enormes. Pesan quinientos kilos cada una. Si estuvieran nerviosas yo no estaría tan tranquila, supongo. Quiero hacerles fotos, y me he dado cuenta de que si me tumbo entre ellas están más tranquilas, mucho más que si me acerco con esta cámara tan rara, que puede que las asuste.
Tranquilas ellas, tranquila yo.
Clic.*

Capítulo 1

SIN REÍR, SIN LLORAR

Hay muchísima agua, se balancea, se mueve siempre, habla siempre. Pero la niña está callada, ella también se balancea con el ir y venir de las olas. Lleva puesto un chaleco salvavidas naranja, flota alta y segura, fuera del agua de la cintura para arriba. Está tranquila. No da gritos, no da palmas, no salpica por todas partes, no se ríe: ella no se ríe. Se limita a estar ahí. Su madre, que ya la había llevado a la piscina con el mismo chaleco naranja, la mira, igual de seria que ella, sujetándola entre sus brazos. Es un momento de paz, aunque el océano brama y retumba en los oídos, el ruido infinito del mar, un mar revuelto, fuerte. No tiene nada que ver con la piscina a la que han ido hasta ahora. Luego la madre se distrae un momento. Les pasa a todas las madres de vez en cuando. Y en un segundo, la corriente aleja a la niña de su lado, se la lleva con un movimiento continuo. La niña está flotando un poco más lejos. Y luego más lejos. La madre se da cuenta de lo que está pasando, de eso y mucho más; como hacen las madres, imagina lo que puede pasar, todo de golpe, demasiado rápido, y grita, se agita, se lanza hacia la niña. Anda por el agua, que la frena, le impide avanzar. La agitación no ayuda. No consigue alcanzarla. La corriente es más rápida.

Hay un hombre en la playa. Lo ve todo, oye los gritos por encima de los rugidos del agua. Sigue a la niña desde la arena, observando la trayectoria de la corriente, que la arrastra con rapidez. Se tira al agua y en un instante llega hasta ella. Todo ha terminado antes de empezar.

El hombre vuelve a la orilla con la niña en brazos, se la devuelve a la madre. No ha pasado nada. Pero la madre volverá a ver la misma escena miles y miles de veces, siempre que vea un chaleco naranja: lo que ha pasado y lo que habría podido pasar. Se echará la culpa una y otra vez, como hacen las madres. Tardará un siglo en perdonarse. Ella también podría haber hecho lo mismo que el hombre: correr por la playa, en vez de intentar hacerlo, como una tonta, dentro del agua; seguir la corriente, en vez de luchar contra el agua inútilmente. Pero habría tenido que dejar a la niña sola. Ni se lo ha pensado. Ni ha pensado.

La niña, mientras tanto, ha seguido igual que estaba. Seria, silenciosa. No ha chillado, el grito de la madre no la ha asustado. Se ha quedado inmóvil, si se puede decir así, dentro del agua que no deja de moverse. Ni siquiera cuando la madre la ha apretado contra ella se ha asustado, aunque solo sea por contagio, como hacen los niños cuando son las madres las que tienen miedo. No ha llorado.

Temple tiene casi un año, y ella es así.

La madre de Temple, Eustacia, es una joven con su primera hija. No sabe nada de niños, tendrá que aprenderlo todo, como todas las madres. Pero se da cuenta enseguida, cuando va a ver a sus amigas que también tienen niños pequeños, de que Temple no se comporta como los demás: no coge las cosas, no es curiosa, no suelta grititos, no se ríe, no intenta agarrarse a su pelo, a los botones o a la camiseta para tirar fuerte. No se mete nada en la boca, ni siquiera el dedo.

Duerme muchísimo. No habla. No busca el contacto ni los abrazos. Parece encerrada en sí misma, como si estuviera en un mundo aparte.

Temple y su madre están jugando con un hoyo en la arena con otra madre y otra niña. Ceelie llena el cubo de arena y la moja con la regadera. Luego juega con los moldes canturreando algo, los vuelca y espera las miradas cariñosas y las alabanzas de las dos mujeres, que le hacen fiestas enseguida. Muy contenta, repite el juego una y otra vez.

Temple, sentada al lado, no habla, no canturrea. Coge la arena a puñados y deja que se le escurra entre los dedos.

—¿Hacemos una tarta? —propone la madre—. Mira, así.

Coge un molde, lo llena y le da la vuelta. Temple permanece indiferente.

—¿Por qué Temple no hace lo mismo que Ceelie? —No lo pregunta la madre de Ceelie, sino Eustacia.

—No lo sé —dice la otra madre—, pero creo que debería. Ceelie es un poco mayor que Temple, y los niños de dos años no juegan juntos, pero normalmente se miran y se imitan. Lo que hace uno, también lo quiere hacer el otro.

En el silencio que solo rompe el murmullo de Ceelie, la otra niña no levanta los ojos de la arena.

—Creo que podría aprender a hablar —dice la madre de Ceelie.

Porque Temple, con dos años, no habla. Grita. Es como si las palabras no pudieran salir, como si estuviera siempre prisionera de un enorme balbuceo sin resultados, y después tiene que sacarlo gritando. Es lo único que sabe hacer para que la oigan.

No quiere que la toquen. Le gustaría, en realidad, pero cuando la tocan es como si fuera demasiado, tanto que le duele.

Esta niña sabe cosas que el resto no saben, y no sabe cosas que el resto saben. Ve secretos en los granos de arena, puede pasarse horas contemplándolos, uno por uno, notando las diferencias más diminutas, como si los mirara por un microscopio. Cuando los mayores hablan entre ellos no los entiende, es como si usaran un idioma secreto. Cuando hay ruidos demasiado fuertes, se mece. Da vueltas sobre sí misma, el mareo la aísla y hace que se sienta bien.

—Llévala a un especialista del hospital infantil —concluye la madre de Ceelie—. Daño no le hará.

Eustacia lleva a Temple al pediatra que la conoce desde que nació. Tras un reconocimiento detallado, le dice:

—Si quiere, llévela al hospital infantil. Pero yo creo que, simplemente, usted es una madre aprensiva.

En el hospital, el especialista observa a Temple y comenta:

—Es verdad que es una niña especial, pero si juega con ella así... —Y saca de un armario una serie de cubos de colores, que están unos dentro de otros. El juego es intercambiarlos: tú me das esto, yo te doy esto.

Eustacia se queda perpleja. Le parece un juego normal y corriente, igual que todos los demás con los que ha intentado que juegue Temple. En casa juega con ella muchas veces a ese juego. Parece que a Temple le despierta la curiosidad, pero sigue sin decir una palabra.

Temple tiene casi tres años cuando se ríe por primera vez. Suelta una carcajada que es como una explosión, exagerada, fuerte, interminable.

Dick, el padre de Temple, está furioso.

—¡Es retrasada! ¡Y tú lo sabes, pero no quieres admitirlo! —le dice a Eustacia.

De una niña se espera que sea mona, dulce y obediente. Temple es muy mona, pero dulce y obediente, no. Hace lo que quiere, no lo que se espera de ella.

—No es retrasada —replica Eustacia enfadada y triste al mismo tiempo.

—Sí lo es. Eres tú la que no quiere aceptarlo.

—Y aunque lo fuera, ¿qué quieres hacer, meterla en una caja y abandonarla?

Temple juega sentada en la alfombra. Rompe un periódico, hace pelotas con las páginas y observa cómo vuelven a abrirse. Lanza los trozos de papel al aire y observa cómo vuelven a caer despacio. Es una niña muy guapa, de ojos azules y rizos rubios. Una niña muy guapa manchada de tinta negra, ensimismada en su juego.

Eustacia, a su lado, toca el piano. Bach. Intenta jugar con Temple, con vasitos de colores. Temple se distrae un momento, y luego vuelve a concentrarse en su periódico.

Eustacia vuelve a tocar Bach.

Temple canturrea.

Repite la melodía que acaba de escuchar.

Eustacia se siente embargada por una mezcla de alegría y alivio. Entonces, Dick se equivoca. Entonces, todos se equivocan. Temple canturrea Bach.

Temple arranca la tapicería lila con florecillas de la pared de su cuarto. Rompe el colchón forrado de tela con conejitos. Coge el relleno y se lo mete en la boca. Lo mastica y lo escupe. Se ríe y vuelve a escupir. Es inútil intentar calmarla. Coge todas las cosas de su cuarto y las tira contra una esquina, los juegos, los cojines y la ropa.

Es la época de las rabietas. Lo que pasa es que las de Temple no son rabietas, porque no se sabe qué las desencadena ni qué hace que terminen. Cuando Eustacia intenta tranquilizarla y la coge en brazos, apretándola contra ella, es como si Temple dejara de tener vida, se convierte en una muñeca de trapo, blanda, abandonada.

Capítulo 2

EL SILENCIO Y LAS ESPINAS

Cuanto Temple tiene dos años y medio, su madre encuentra a una niñera que ya ha cuidado de un niño «con problemas como los suyos».

—Creo que sé cómo hacerlo —le dice sencillamente la mujer—. Con el niño obtuve buenos resultados. Lo importante es mantener a Temple ocupada para no dejar que se ponga a soñar despierta.

«Soñar despierta» es un modo curioso de definir el comportamiento de Temple. Pero Eustacia confía en ella, y hace bien. La niñera se va a vivir a la casa de los Grandin. Juega con Temple ininterrumpidamente, no permite que la niña desvíe la atención o se distraiga. Libros para colorear, cartas con imágenes, construcciones. Todo vale. Siempre hay algo nuevo que hacer.

Temple y su hermanita comparten los cuidados y la atención de la niñera, que las mantiene a las dos ocupadas. Es lo que pasa en las familias en las que hay un niño especial. Seguirá siendo así incluso después de la llegada de otros dos hermanos, un niño y una niña.

Gracias a las ideas de la niñera, las cosas van mejor. Pero con tres años, Temple sigue sin hablar.

El pediatra aconseja que la ingresen en el hospital para una serie de pruebas, diez días en total. Según los resultados, no hay ninguna enfermedad ni anomalías. Temple oye muy bien, además. Le dan un consejo a Eustacia: matricular a Temple en una escuela en la que haya alguien que se ocupe de su dificultad para hablar.

Lo siguiente es llevarla al psiquiatra.

—Muestra los síntomas del autismo —dice el médico tras las pruebas.

—¡Ya te lo había dicho, es retrasada! —exclama triunfante el padre de Temple.

—No es tan sencillo —repone Eustacia decidida a no dejarse intimidar por palabras que no conoce.

—Sí que es sencillo. Tú eres la que lo complica todo para no tener que enfrentarte a lo que has hecho.

—¿Y qué he hecho?

Estamos en la década de los cincuenta, y el autismo es un término nuevo para definir una enfermedad inexplicable y aparentemente incurable. Durante mucho tiempo, no harán más que decirle a Eustacia que lo mejor para Temple es que la alejen de casa y la metan en un internado. Dick está de acuerdo. Es un modo rápido de resolver el problema o, mejor dicho, para no tenerlo siempre delante. Pero ella no aceptará. No tiene la más mínima intención de separarse de Temple, que no es una niña retrasada. Solo es una niña distinta. Y, como le ha aconsejado uno de los muchos médicos a los que han ido, decide confiar en su instinto.

En aquellos años se creía que la causa del autismo era una madre fría, una madre «frigorífico», que no consigue crear un vínculo afectivo con su hijo, hacerle caricias, darle cariño y calor, así que lo aparta y hace que se aísle. Los estudios demostrarán que no es así, que el autismo es otra cosa, que no es frialdad ni distracción, sino que está relacionado con anomalías del sistema nervioso que excluyen al niño del resto del mundo. Es el sistema nervioso, sus diferencias, el que lleva al niño a apartarse de la madre, a retraerse cuando le tocan.

Pero, mientras tanto, Eustacia se siente responsable del malestar de una niña que no llega a entender. «Temple es una niña preciosa, pero de un modo inquietante —escribe—. Todavía no habla, no quiere mirarme y, si lo hace, parece que está mirando más allá, hacia su mundo encantado. Ya no juega con su caca, como hacía cuando era muy pequeña, pero sigue montando escenas tremendas, se ríe de un modo incontrolable, escupe. Después

soy yo la que tiene que recoger y limpiar, pero no puedo entrar en ese mundo encantado».

Puede que no sea exactamente un mundo encantado donde Temple se retira y se esconde. Tal vez quiera salir, pero no sabe cómo hacerlo. En cualquier caso, hay un espacio entre la madre y la niña, un espacio intransitable, que a veces parece inmenso.

Y es el instinto lo único que le dice a Eustacia que no se rinda, que lo siga intentando, que no deje que Temple se quede en un mundo que solo habita ella, y que siga haciendo de todo para sacarla de ahí y traerla al otro lado.

Eustacia contará la historia de Temple desde su nacimiento hasta los catorce años en un libro que se titula *A thorn in my pocket*. El título —una espina en el bolsillo— está sacado de lo que le dijo el poeta Robert Frost a un amigo suyo cuando le confió hasta qué punto se le hacía difícil dar conferencias y hacer lecturas en público: «Siempre llevo algo en el bolsillo para tocarlo mientras hablo, para recordar quién soy. Últimamente es una espina».

Una espina en el bolsillo es algo que hace daño cuando lo tocas, que te recuerda que eres tú, con un arañazo o un pinchazo, cuando se te olvida que está ahí. Es una imagen fuerte y sencilla para explicar la infancia de Temple, la tensión continua, el dolor que siempre está al acecho para herirte. Para herir a una madre desarmada y a su niña tan especial.

Capítulo 3

EL COLEGIO Y LAS HISTORIAS

Temple empieza a ir a una guardería para niños con problemas de lenguaje (aunque para ella el lenguaje no es un problema, simplemente no existe). En su clase solo hay seis niños. Una psicoterapeuta se encarga del grupo mientras otra atiende a los niños de uno en uno. En la guardería, como en casa, Temple tiende a retraerse en su mundo: sueña despierta, mira y remira las imágenes que le pasan por la cabeza como una película secreta, se observa la piel de los dedos línea por línea como si fuera un mapa. Da vueltas sobre sí misma sin parar. Hace girar una moneda infinitamente. Contempla el tablero de la mesa como la arena de la playa. Podría pasarse horas así, estudiando las vetas, tan distintas y fascinantes.

Vista desde fuera no es una niña, es una isla.

La maestra la coge del mentón con decisión y la obliga a mirarla, a escucharla, a hacer las cosas juntas, a repetir las palabras. Hace falta firmeza para conectar con la isla. Firmeza y decisión. Y funciona.

En casa, la niñera sigue teniéndola ocupada con la pelota, con las muñecas, con mil juegos, y luego, poco a poco, con la comba, con los patines, con el trineo cuando hay nieve, y donde vive Temple, en la costa este de Estados Unidos, hay muchísima en invierno. Así, Temple no tiene tiempo para apartarse en su mundo. Hacer, hacer, hacer. Y reglas que respetar. Desde pequeña aprende a comportarse bien con los demás y en la mesa; aprende las normas de seguridad, cómo cruzar la calle, cuándo pararse, dónde mirar y cuándo andar. La diferencia con los otros niños es que hay que repetirle las normas muchas, muchas veces, con una paciencia infinita, para que se le queden grabadas en la mente. Pero al final ahí están, claras, indiscutibles, y hacen de Temple una niña que lentamente aprende a estar con los demás.

Una niña que se matricula en el colegio como todos los demás. Las clases de Infantil son pequeñas, de catorce alumnos como máximo. Un día antes de que empiece a ir al colegio, su madre va a la clase y les explica a los niños que tendrán que ayudar a la niña nueva. Funciona.

Con cuatro años, Temple por fin aprende a hablar. Y no solo a decir palabras sueltas, sino frases. También ha

aprendido que las normas son fundamentales en el colegio, que cada uno tiene que esperar su turno para hablar y que hay una cosa que se llama disciplina, que quiere decir obedecer las normas.

Cuando su madre y su padre la llevan a un campamento para niños especiales en el que estará un mes entero, la directora le hace prometer a Temple que lo hará lo «mejorcísimo» que pueda. Y eso es exactamente lo que hace. Armada con su «mejorcísimo», en otoño comienza Primaria.

Hay días buenos y días malos. A veces la mandan a casa, cuando las rabietas son terribles; un día muerde a su profesora, que por suerte es muy tolerante y, cada vez que Temple se comporta de un modo irrefrenable y la mandan a casa, aprovecha su ausencia para volver a explicarles a los niños de su clase que tienen que ser comprensivos con ella.

Con ocho años, a Temple le sigue costando mucho leer, pero su madre, una vez más, encuentra la forma de enseñarle: todas las tardes, en casa, leen una página de *El mago de Oz* en voz alta, en vez de utilizar uno de esos aburridísimos cuadernos simplificados para niños que están aprendiendo el alfabeto. A Temple le pica la curiosidad, le gustan los dibujos de aquel libro, tan lleno de aventuras, y quiere saber más.

—Yo te leo un poco, un párrafo. Y el siguiente lo lees tú, ¿vale?

Vale. Aunque la madre hace trampas de vez en cuando y, en vez de leer un párrafo, sigue leyendo dos o tres, así la historia se pone más interesante, más emocionante, y cuando por fin le toca a ella, Temple quiere saber qué va a pasar y se esfuerza. Escuchando, y repitiendo las palabras en voz alta, poco a poco aprende a leer.

¿Va todo bien, entonces? No. Porque hay un montón de cosas que le complican la vida. Las preposiciones, por ejemplo. Y cuando habla, también tiende a saltarse algunas palabras que para ella no tienen ningún sentido, porque no son lo bastante concretas: es, el, lo, de, un. Por eso, sus frases quedan raras, como si fueran dando saltitos. Le cuesta controlar la voz, cuando habla siempre parece que está enfadada o que está gritando. Odia lavarse la cabeza: el champú le hace daño, le duele. También odia la ropa que tiene que ponerse los domingos para ir a misa, esas telas que pican y le aprietan, es como si fueran de papel de lija. Tiene un amigo, un animal pequeño, que se llama Ratón cruzado y vive en una jaula junto a su cama. Es un regalo de Lyman, su mejor amigo humano, el compañero de tantas aventuras trepando por los árboles y montando en bicicleta. De vez en cuando le dibuja en la espalda una cruz roja con mercurocromo (al hámster, no a Lyman), para que parezca de verdad un cruzado. Le gustan los ratones, las líneas y la gelatina,

pero odia los globos que explotan, los colores fluorescentes, el ruido constante de las fiestas de niños y las puertas automáticas del supermercado.

Para compensar, tiene muchas habilidades. En su habitación ha puesto toda una serie de hilos y cuerdas que accionan diversos mecanismos, y en la puerta ha colgado un cartel: PELIGRO. Otra de sus pasiones también está relacionada con los hilos: es muy hábil con la aguja, así que su madre la manda a trabajar con una costurera. Hace dobladillos y arreglos, se le da muy bien. La costurera está tan satisfecha con ella que insiste en pagarle. Tiene un amigo imaginario que se llama Bizban. Con Lyman y sus hermanos representa comedias en su habitación, con escenografías de cartón y un telón que ha hecho con una cortina. Temple interpreta a Bizban, que es su cómplice en todas las travesuras y luego asume la culpa, como hacen todos los buenos amigos imaginarios. Es muy buena en plástica: hace unas acuarelas preciosas de la playa, y en cuarto moldea un magnífico caballo con arcilla. Le gustan las ciencias, como se estudian en los colegios de Estados Unidos, con un montón de experimentos y objetos que construyen los alumnos, porque así se aprende por medio de la práctica y la experimentación. En quinto, hace los disfraces para el teatro del colegio.

Al crecer, Temple descubre que hay una cosa que le gusta muchísimo: sentirse estrechada, reconfortada, rodeada. Siguen sin gustarle los abrazos de las personas, pero le encanta ponerse encima los cojines grandes del sofá y envolverse con las mantas como si fueran el capullo de un gusano de seda. Su sueño es tener una caja mágica, grande, con un forro que se hinche cuando ella quiera, como ella quiera, estrechándola por todos lados. Entonces, a lo mejor no es que no le gusten los abrazos, sino que le gusta decidir cuándo, cómo, quién o qué la toca.

Todos los niños tienen sus manías. Algunos son obstinados y tienen muchos antojos. Otros son silenciosos y solitarios. No hay nada raro en todo eso. Pero Temple sabe que hay algo en ella que es distinto.

—¿Por qué soy distinta? —le pregunta un día a su madre. No le pregunta si es distinta, sino por qué. Ella ya sabe que es distinta.

—No lo sé —le dice su madre—. Pero no te preocupes. Somos todos distintos. Todos llevamos muchas cosas dentro, algunas son buenas y otras nos complican la vida. Lo importante es entender qué son, para poder dominarlas y no dejar que esas cosas nos dominen a nosotros.

—Sí, lo entiendo —contesta Temple al rato.

Pero necesitará mucho más tiempo para entenderlo de verdad.

Diálogo con Bizban

—¿Tú quién eres?
—Bizban.
—¿Y qué eres?
—Tu amigo imaginario.
—¿Existes?
—Claro que existo. Me estás hablando.
—¿Qué haces?
—Estoy aquí por ti. Te escucho.
—Vete.
—¿Por qué?
—No te quiero.
—Pero si siempre vienes a buscarme.
—Pero no te quiero.
—¿Por qué?
—No sé lo que significa.
—¿El qué? ¿Querer?
—Sí, eso.
—Quiere decir ocuparse de los demás. Estar con ellos. Así que me quieres.
—No.
—Sí.
—No.
—Sí.
—He dicho que no.

—Pero sí. Vamos a hacer un juego.
—¿Qué juego?
—Hacemos como que yo me escondo y tú me buscas.
—Pero no se puede.
—¿Por qué?
—Porque eres mi amigo imaginario.
—¿Y qué?
—Que no existes.
—Pero si te estoy hablando.
—Existes y no existes. Eres raro.
—Y tú también.
—Ya lo sé.
—Pues a mí me gustas.
—Tú también me gustas.
—¿Ves como me quieres?
—Te estás burlando de mí.
—No, eso no lo haría nunca. Soy tu amigo imaginario.
—No me fío.
—Sí que te fías. Eres tú la que quieres que esté aquí. Así que te fías. Y me quieres.
—¿Por qué?
—Porque querer también es eso. Fiarse.
—No lo entiendo.
—Puede ser. No siempre se entiende todo. Lo importante es lo que es.

Capítulo 4

UN PROFESOR ESPECIAL

En el instituto, las cosas se ponen más difíciles. La tensión le produce ataques de ansiedad, dolores de cabeza y dolor de barriga; es una tortura. Es la época de las bromas y las burlas. Un período difícil para todas las chicas. Para Temple, más. «Ni siquiera pasaba por el patio por miedo a que alguien se metiera conmigo», cuenta refiriéndose a aquella época. Como suele repetir varias veces la misma frase, la llaman «la grabadora». Como está delgada, la llaman «saco de huesos». Hay insultos peores, claro, pero si te llaman siempre grabadora o saco de huesos, al final uno termina perdiendo la paciencia.

Vivir con miedo no le gusta a nadie. A todos nos da miedo algo, según las épocas: los insectos, la oscuridad, perder a las personas que amamos. Pero si pensáramos en eso continuamente, y solo en eso, nos quedaríamos paralizados. Cuando Temple tiene miedo, se bloquea. Y luego, a veces, explota.

Una tarde, llaman a su casa desde el instituto. Temple coge el teléfono. La familia está cenando, faltan pocos días para Navidad. Temple escucha, apenas dice nada. Cuelga y vuelve a la mesa. Está palidísima.

—Era el director —explica—. Ha dicho que soy una amenaza para la sociedad y que no vuelva después de las vacaciones. Y luego ha colgado.

Su madre no quiere creérselo, pero así es.

Temple —le explicarán en la tutoría que pide enseguida— le ha tirado un libro encima a una chica. La chica le ha gritado «retrasada». No es la primera vez. La madre sabe que Temple está pasando por un momento muy difícil. Todos se burlan de ella en el instituto, y las palabras se convierten en armas. Sin embargo, mientras los demás chicos saben defenderse con las palabras, y puede que tengan un escudo más fuerte para protegerse de las bromas, Temple se lo queda todo dentro, la rabia y la frustración. Y luego lo suelta todo de golpe, con violencia. «Yo no quiero crecer», le dirá un día a su madre. Mientras siga siendo una niña es como si estuviera protegida, como si se le pasaran por alto ciertos altibajos, ciertos comportamientos. Pero ya no es una niña. Es una joven.

Después del incidente con el libro, hay que hacer algo.

Los médicos que desde hace tiempo se ocupan de Temple le dicen a Eustacia: «Ha llegado el momento de buscar un sitio más apropiado. El autismo, combinado con la adolescencia, es un verdadero problema», y le aconsejan que la lleve al colegio de un hospital.

La madre de Temple no quiere ni oír hablar del tema. Le da la impresión de que así su hija se convertiría en un objeto de estudio y que la considerarían una enferma. Eustacia acaba de trabajar en la realización de un documental sobre las escuelas especiales de la zona, los colegios que se dedican a niños con necesidades especiales, y ha visto algunos que le inspiran confianza. Así pues, consigue convencer a Dick para tomar una decisión completamente distinta, lejos de la ciudad y de los médicos: un colegio privado, sí, y caro. Pero es un sitio realmente especial, que admite a Temple después de las vacaciones de Navidad.

El Hampshire Country School está en el campo, inmerso en la vegetación de los prados y los bosques, y tiene una granja de verdad, con vacas, cerdos y caballos a los que los alumnos tienen que cuidar. Las clases son muy prácticas y hay mucho tiempo para las actividades al aire libre. Aquí es donde Temple conoce al señor Carlock, un profesor de ciencias que se da cuenta enseguida de hasta qué punto se le da bien su materia a esa chica

tan áspera, de cómo es capaz de «ver» más allá de lo que todos vemos y de lo curiosa e intrépida que es. «Todos necesitamos un mentor», dice Temple cuando habla de su pasado y del señor Carlock; pero vale también para el presente y el futuro de quienes la están oyendo.

Mentor es una palabra antigua, que significa guía y consejero. Antes que nada, es el nombre de un personaje de la *Odisea* de Homero, el hombre de confianza al que Ulises le confía a su hijo Telémaco cuando aún es pequeño, antes de partir para la guerra de Troya, de la que regresará cuando Telémaco tenga veinte años. Todos necesitamos un mentor, a alguien que reconozca quiénes somos y nos ayude a entenderlo. Y esto es precisamente el señor Carlock para Temple.

Normalmente, un mentor nos orienta sobre cuáles son las materias o actividades que mejor se nos dan, nos apoya y nos anima. El señor Carlock es una de las primeras personas que se dan cuenta de que Temple posee «algo más» dentro de la cabeza, como si los cables, los hilos y las relaciones de su cerebro fueran más complejos y numerosos que los de una persona cualquiera, que los de una persona normal. Temple es distinta. Distinto no quiere decir inferior. Distinto es distinto, y punto.

Las clases del señor Carlock son muy concretas, basadas en la creación de maquetas, experimentos y juegos didácticos. El mentor de Temple también la apoya

cuando sus compañeros se ríen de ella. Incluso se pueden aguantar las burlas si hay alguien que cree en lo que haces, te anima y te felicita cuando obtienes resultados.

Temple, que siempre ha sido objeto de tantas bromas, aprende a hacerlas. Construye un mecanismo simple, una especie de disco de cartón con una linterna, y cuando cae la noche, deja que se mueva de un lado a otro colgado de un hilo, que ha pintado de negro para que no se vea, delante de la ventana del cuarto de sus compañeras Jackie y Becky.

—¡Un platillo volante! ¡Un platillo volante! —gritan las chicas y salen corriendo a la habitación de Temple para preguntarle si ella también lo ha visto.

—No. A lo mejor habéis visto algo que se ha caído del techo. Algo metálico, digo —contesta Temple tranquilamente.

—¡No, no! ¡Era un platillo volante de verdad! —repiten Jackie y Becky.

Al cabo de dos días, la noticia ha corrido por todo el colegio. El platillo volante volverá a verse muchas veces más a lo largo de las semanas siguientes. Temple se lo está pasando en grande. Ha conseguido que la broma parezca real porque se ha imaginado una y otra vez cómo reaccionarían sus compañeras. Por eso ha podido burlarse de ellas. Al final, les enseña el platillo volante y se ríen las tres.

Jackie es una de sus grandes amigas. Aunque es menos masculina que Temple, a ella tampoco le gustan las cosas que suelen gustarle a las chicas de su edad: maquillarse, hacerse rizos, suspirar por los actores guapos y pensar en chicos atractivos. Jackie lleva el pelo largo, mientras que Temple se lo ha cortado a la altura de las orejas, con un corte nada favorecedor, y se viste siempre igual, con pantalones y sin frivolidades. Temple es graciosa, impredecible y extravagante. Y es una buena amiga. Le construye a Jackie unas gateras en las puertas y las ventanas del dormitorio para que el gato que le regaló cuando su gata tuvo cachorros pueda entrar y salir cuando quiera con su mamá y sus hermanitos.

Con otro amigo, Mark, Temple se dedica a un proyecto más aventurero: un telesquí que lleve a los alumnos a la cima de la colina, de forma que no tengan que subir fatigosamente durante un cuarto de hora solo para disfrutar de unos minutos de descenso rapidísimo. Esquiar es otra de las pasiones de Temple, y se dedica a ello durante mucho tiempo, sin importarle el frío, con grandísimo entusiasmo.

Los caballos del Hampshire Country School son tan especiales como los alumnos. Son animales procedentes de todas partes, que han sufrido malos tratos antes de llegar allí y el colegio ha podido comprarlos por poco

dinero porque sus dueños estaban deseando deshacerse de ellos.

Lady, por ejemplo, es una yegua que solo está tranquila dentro del picadero. No le gusta sentirse libre. Si la sacan a dar un paseo, se encabrita; y si la dejan, vuelve corriendo al picadero, donde se tranquiliza.

Goldie se encabrita cada vez que intentan montarla. Y si alguien lo consigue, se empapa en sudor del miedo que le da. Tiene la lengua deformada por el bocado tan rígido que le pusieron sus antiguos dueños. En definitiva, tiene sus motivos para estar asustada. Con tal de que no intentes montarla, es adorable; una yegua de pelo marrón claro, con la crin y la cola doradas. Si la sacas a pasear cogiéndola por el ronzal no hay ningún problema.

Beauty se deja montar, pero tiene la manía de morder al jinete y liarse a coces con él. Hace todo lo posible para hacer daño.

A Temple le da igual el extraño comportamiento de los caballos. Los adora y siempre está deseando estar con ellos. Pasa todos sus ratos libres en el establo. Los cepilla con la bruza, limpia las cuadras y hace los trabajos más humildes sin dificultad.

El mejor regalo que le hacen en aquella época es una silla de montar nueva, así no tiene que usar las del colegio, que son muy incómodas. No hace más que limpiar y sacarle brillo a su silla nueva. Con Lady, hasta llega a participar

en una feria y montarla tranquilamente. Ocuparse de los caballos (y de su silla) le transmite una sensación de responsabilidad que no había sentido jamás. Todos sus problemas de coordinación desaparecen a lomos de un caballo. Ahí arriba se siente bien, comprende instintivamente los movimientos del caballo y los sigue. Le encanta galopar; se siente bien, siente alegría. A lo mejor no es muy prudente y no lo debería hacer, pero es genial.

Sin embargo, Temple no está siempre tan bien. Precisamente esa capacidad de percibir tantas cosas, de tener los sentidos tan despiertos, se agudiza aún más durante la adolescencia y se transforma en una tortura. Es como si las imágenes y las sensaciones que llegan del mundo la asediaran y sofocaran. Toda esa lluvia de impresiones le provoca ataques de pánico. Está en un estado de alerta incesante, de tensión continua. Y no siempre puede subirse a un caballo y galopar para sentirse mejor.

Capítulo 5

UNAS VACACIONES MEMORABLES

En verano, Temple se va de vacaciones a Arizona. Su madre se ha divorciado y se ha vuelto a casar. La tía Ann, hermana del nuevo marido de Eustacia, tiene un rancho. De este modo, Temple puede estar siempre con los animales que tanto le gustan y usar las manos y su ingenio para hacer arreglos con el martillo y los clavos, que es algo que se le da muy bien. Enseguida descubre su capacidad de proyectar construyendo un sistema mediante el que la puerta de madera de la valla se pueda abrir desde la ventanilla del coche con un sistema de cuerdas sin tener que bajarse. Un pequeño proyecto que ha resultado útil para sus tíos y la llena de satisfacción.

Un día, pasando con el coche por delante de otro rancho, Temple ve algo que le parece raro. En realidad, no hay nada raro en lo que está pasando, ya que forma parte de la rutina de un rancho: están metiendo a las vacas en una especie de jaula hecha con forma de uve para vacunarlas. Pero es su comportamiento lo que le parece extraño.

—¿Podemos pararnos? —pregunta Temple.

La tía Ann le dice que sí y las dos se acercan a la valla. Las vacas, obligadas a entrar en el sistema de contención, al principio parecen estar a disgusto y nerviosas, mugen y dan coces. Pero, una vez que entran, se tranquilizan como por arte de magia. Así, el veterinario puede acercarse y vacunarlas sin tener que sujetarlas por la fuerza y arriesgarse a recibir una buena coz.

Temple comprende (o, mejor dicho, sabe) que a las vacas no les da miedo la inyección en sí; son tan grandes que un pequeño pinchazo ni siquiera lo notan, o casi. Pero están nerviosas por la confusión que hay a su alrededor, la brusquedad de los granjeros y los movimientos imprevistos que aparentemente, al menos desde nuestro punto de vista, no deberían asustar a un animal tan grande. El sistema de contención sirve para bloquearlas y hace que se les pase el miedo. El animal que está encerrado en la jaula se siente abrazado, retenido. Así está más tranquilo y se deja manejar sin hacerse daño a sí mismo ni a los demás.

Cuando los animales se han ido, Temple le pregunta a su tía si le deja probar la jaula. Una petición extraña, pero la tía Ann accede.

Temple pasa media hora dentro de la jaula y sale muy tranquila. Volverá durante todo el verano cada vez que necesite relajarse un poco.

Ya había descubierto que le gustaba la sensación de tener una manta gruesa envuelta alrededor del cuerpo o un cojín del sofá encima. «¿Y si una máquina así funcionara conmigo? Tengo que tener una para mí», piensa.

Le atrae tanto esa posibilidad que decide construir una máquina parecida a la jaula de contención, pero hecha para ella, con sus medidas. Lo que está haciendo es crear un abrazo que sustituya al contacto físico que tanto la asusta, una fuerza que la estreche y la haga sentir bien, y como en la naturaleza no hay nada igual, tiene que inventarlo.

Coge dos láminas de contrachapado, las une, las monta, y ahí está. Su primer modelo. Tiene que entrar gateando y, con un sistema de cuerdas y correas, las paredes se van acercando hasta que se queda entre ellas como un bocadillo.

Se está bien ahí dentro. En aquel abrazo mecánico, Temple encuentra la serenidad y relajación que necesita para afrontar después al resto del mundo con más calma.

«La tía Ann siempre me dejaba hacer de todo, podía hacer lo que quisiera», cuenta Temple. Incluso con aquel trasto tan raro. Y, como a Temple le da tanta tranquilidad, se lo lleva al instituto. Pero es una extrañeza que no pasa inadvertida.

Los compañeros se ríen y el psicólogo del instituto decide tirar la máquina, que es demasiado rara y absurda. Una vez más, el señor Carlock sale en su ayuda para que logre vencer el obstáculo y la rabia que está a punto de explotar.

—Si quieres descubrir cómo es que esa máquina te hace sentir tan bien —le dice—, tienes que estudiar, indagar, profundizar y experimentar. De esta forma podrás construir una mejor y luego entender por qué produce ese efecto.

Y así, de una prohibición nace un reto y, después, un proyecto. Temple ahora tiene una razón profunda y real para concentrarse en el estudio. A ella no le interesan los libros en sí, pero si sirven para descubrir algo que no sepa, algo importante para su vida, entonces sí.

«El señor Carlock —dice hoy Temple— me obligó a pasar de lo concreto a lo abstracto. Usó la máquina para darle un sentido a mi interés por la ciencia. Hizo que tuviera ganas de saber más, de estudiar. Gracias a él, empecé a probar la máquina con mis compañeros, para ver qué efecto tenía en ellos».

Obstinadamente reconstruida de un modo cada vez más preciso, la «caja», como la llama Temple, la seguirá a la universidad, y desde entonces la acompaña adonde quiera que vaya. Hoy, en la casa de Temple está la nieta de la primera, un modelo mucho más avanzado, con una bomba hidráulica que le permite regular la presión con mucha exactitud. Una máquina como esta se usa actualmente en las terapias para los autistas. Cuando lo necesita, ya cada vez menos, Temple se mete en la máquina. Y después todo va mucho mejor.

El efecto del primer modelo de la caja es muy valioso para Temple. Tan solo en aquel momento, tras abandonarse a los efectos agradables de un buen abrazo que puede controlar, Temple por fin aprende a acariciar a los gatos con suavidad. Entiende, porque es lo mismo que le pasa a ella, por qué un gato no se fía cuando lo ves, pero si lo acaricias de una determinada manera, le gusta, igual que a ella le gusta sentir el contacto de la máquina de los abrazos. Empieza a entender que las caricias le gustan al que las da y al que las recibe, que es la unión del afecto que va y vuelve. Ella también es como un gato, un gato montés.

Lo que de verdad es especial es que a Temple no le incomoda parecerse a un animal. En cierto sentido, todos nos parecemos a alguno. Somos curiosos, como los zorros; huidizos, como los felinos; agresivos, como los lobos, y fieles, como los perros. Algunos, hasta nos parecemos físicamente a un animal. Mírate al espejo y lo descubrirás. Mira bien a tus padres, a tu hermano o a tu abuela, y te darás cuenta. Pero la comparación termina ahí, y es casi un juego. Sin embargo, Temple siente como un animal. Su parecido con la vaca no termina con la máquina de los abrazos. Es más amplio y profundo. Y Temple no se avergüenza. Al contrario. Entender a los animales, sentir y ver el mundo como ellos se convertirá en la línea de salida hacia su futuro.

Capítulo 6

LOS TECHOS Y LAS PUERTAS

Pero, por ahora, el presente está lleno de obstáculos que tiene que afrontar, uno detrás de otro. Durante unas vacaciones de verano, su madre decide forrar las paredes de la cocina con paneles de madera. Temple, a quien siempre le han gustado los trabajos manuales, la ayuda entusiasmada. Cuando les falta poco para terminar, se dan cuenta de que los paneles que tienen no son suficientes. Su madre está en lo alto de las escaleras, cubriendo el techo con paneles aislantes, y no quiere bajar e interrumpir el trabajo.

—Coge el coche —le dice a Temple— y ve a la tienda a comprar los paneles que faltan.

—No puedo —contesta Temple. No le gusta el contacto con los demás, tener que hablar con desconocidos ni tener que hacer cosas que nunca ha hecho.

—¿Por qué? Claro que puedes. No estás haciendo nada y el resto del trabajo ya está hecho.

—No. Pensarlo me pone nerviosa. Acabaré llorando. ¿Y qué pensará el hombre de la tienda?

—¿Qué más te da el hombre de la tienda? Lo más seguro es que ni vuelvas a verlo. Llora si quieres, pero ve a comprar los paneles —le dice la madre con determinación.

Temple se va.

La madre se queda sola, en lo alto de la escalera, y se arrepiente de haber sido tan firme. «¿Y si le he pedido demasiado?», se pregunta.

Pasa media hora, que parece un siglo. Se oye el ruido del coche que entra en la calle. La madre baja de la escalera y sale. Los dos paneles están atados a la baca. Temple sonríe exultante.

—¿Y entonces? —pregunta la madre mientras la ansiedad se esfuma como el gas que sale de un globo, dejándola vacía y agotada.

—Entonces, he llorado. Ya te dije que iba a llorar. ¡Pero he comprado los paneles!

Crecer es así para todo el mundo. Se trata de superar etapas. Temple necesita ver estas etapas para poder superarlas. Ha llegado el momento de dejar el instituto para ir a la universidad. La idea no le gusta en absoluto. Tendrá que despedirse del señor Carlock, los caballos y

todo lo que conoce. Tendrá que conocer a otras personas. Volver a empezar desde el principio. Es una joven extraña: camina encorvada, no para de mover las manos apretándoselas y habla demasiado alto y sin expresión. Los problemas con los compañeros no terminan nunca.

En el techo del piso donde está la habitación de Temple en el Hampshire Country School hay una trampilla. Está muy alta y nadie sabe adónde lleva. A Temple le atrae mucho aquella puerta tan pequeña. No sabe lo que habrá al otro lado. Al final decide abrirla y de pronto se encuentra en el tejado inclinado del instituto. Sobre ella se extiende un cielo negro plagado de estrellas. La altura le asusta un poco, pero el efecto de un cielo tan bonito es superior al miedo. Ha valido la pena enfrentarse a lo desconocido para encontrar aquel cielo.

Desde entonces, cruzar una pequeña puerta significa exactamente eso para Temple: prepararse para dar otro paso en la vida, con toda la excitación y la incertidumbre que lleva consigo. La noche del 4 de octubre de 1968, escribe en su diario: «Esta noche he abierto la trampilla y la he cruzado. Al levantarla, he visto la gran extensión del techo iluminado por la luna delante de mí. He colgado todos mis miedos y las preocupaciones que me provocan los demás en la puerta. La trampilla es un riesgo, porque si estuviera cerrada, no podría desahogar las emociones. La puerta solo es un símbolo, pero cuando la

abro, se despiertan los miedos. Cruzarla es mi forma de superar la ansiedad que me genera la gente».

Temple sabe que cualquier cambio en su vida es un reto, una puerta cerrada delante de ella que tendrá que abrir corriendo un peligro: «A veces, cuando tengo que cruzar una puerta me siento como si estuviera delante de un león. El corazón se acelera y sudo. Pero no se avanza si uno no se supera a sí mismo».

Un día comienzan las obras de reestructuración de ese piso, porque quieren construir una planta más. Los albañiles quitan una parte del antiguo tejado que estaba cerca de la habitación de Temple. Cuando sale por la trampilla, Temple ve la estructura de la parte del edificio que está en obras. En lo alto, más arriba, hay otra trampilla de madera que lleva a un nuevo tejado.

Tras conseguir el diploma en el Hampshire Country School (con la segunda nota más alta de su clase), Temple se muda al cercano Franklin Pierce College para continuar los estudios y dedicarse a la psicología.

Una de las ventajas de la facultad es que está cerca del instituto, así Temple puede seguir viendo al señor Carlock los fines de semana y trabajar con él para perfeccionar su máquina, que acolchan para que la presión sea más delicada y exacta. La caja y sus efectos se convierten también en el tema de su tesis de Psicología en la univer-

sidad. Es un trabajo experimental, por lo que tendrá que realizar una serie de pruebas con los otros alumnos para saber si la máquina produce el mismo efecto en ellos.

—¿Queréis probarla? —les pregunta Temple a sus compañeros.

Al principio reacios, y luego divertidos, aunque perplejos, los alumnos aceptan. Algunos dicen que la experiencia los deja indiferentes, pero seis de diez dirá que sí, que la máquina realmente los calma. Una vez más, Temple termina sus estudios con la nota máxima, quedando la segunda de una promoción de cuatrocientos estudiantes. Y ha estudiado lo que quería.

Pero antes de lograrlo, Temple también ha encontrado sus pequeñas puertas en la universidad. Una es de metal, una trampilla que da al tejado horizontal del piso de los dormitorios. Temple practica cruzándola una y otra vez. Y cuando consigue el diploma, cruza otra que está en el techo de la biblioteca. En lo más alto del saber. Es un paso importante, un paso más. En otra página de su diario, escribe: «22 de abril de 1970. Hoy ha terminado todo en el Franklin Pierce College y ha llegado el momento de cruzar la trampilla de la biblioteca. Estoy pensando en qué podría dejar como mensaje en el tejado para que lo encuentre la gente del futuro. He llegado al último escalón y ahora estoy en el escalón más bajo del diploma. El

techo el edificio es el punto más alto del campus y yo he llegado al máximo ahora. He conquistado la cima de la facultad, pero las cimas más altas siguen siendo un desafío». Aquella noche, Temple cruza la trampilla y deja un mensaje en el tejado de la biblioteca: «La trampilla y la montaña ya están escaladas. La conquista de esta cima solo es el principio del próximo logro».

La siguiente montaña es un máster en Ciencia Animal. Temple se muda a la Arizona State University, decidida a estudiar el comportamiento del ganado en las rampas y los sistemas de contención de los criaderos. El profesor de Zoología rechaza el proyecto.

—Ni hablar. Usted está loca —le dice.

Pero, para entonces, Temple está hecha un as abriendo puertas. Y a veces las abre con fuerza y determinación. Sin desanimarse por la hostilidad del primer profesor al que ha presentado su proyecto de investigación, Temple busca otros aliados en el departamento de Diseño Industrial (un tema que parece ajeno al comportamiento animal) y los encuentra. Dos profesores aceptan seguir su tesis y la animan.

Sin embargo, hay otra puerta, muy concreta, que abrir. Es la puerta corredera de cristal del comedor, que Temple tendrá que limpiar, ya que todos los alumnos hacen tur-

nos para encargarse de los trabajos comunitarios. Para hacerlo, tiene que meterse entre la puerta corredera y otra puerta más externa. La puerta corredera se bloquea y Temple se queda prisionera. Para salir sin romperla tiene que abrirla con mucho, mucho cuidado. «Así es como funcionan las relaciones con las personas —razona Temple después de esta experiencia, que la ha turbado, pero también la ha hecho reflexionar—. Las relaciones se rompen fácilmente y hay que manejarlas con mucho cuidado. Mientras estaba atrapada entre las dos puertas no podía comunicarse con nadie a través de los cristales. Ser autista es exactamente eso. Es como estar encerrado detrás de un cristal y no conseguir hablar con el que está al otro lado. Para llegar hasta los demás hay que moverse con delicadeza y atención, como he tenido que hacer para abrir la puerta sin romperla».

Capítulo 7

LAS GRANJERAS TAMBIÉN SE ENTRISTECEN

La investigación de Temple es un estudio de campo. Y lo es literalmente, puesto que la lleva a cabo en los criaderos de ganado. Temple no pierde ninguna oportunidad que se le presente para estar entre los granjeros y coger apuntes. Mira todo lo que sucede a su alrededor, observa y critica. Y lo almacena todo dentro de la cabeza, con su modo especial de ver y sentir las cosas.

«Yo veo películas en la mente —explica hoy—. Veo los objetos en la memoria como si fueran los fotogramas de una película. Si pienso en un campanario, veo todos los campanarios que conozco. Es como si hojeara mi álbum personal de imágenes. Si pienso en un alano, veo todos los perros que he visto de esa raza. Es un pensamiento concreto. Un pensamiento visual».

Observando los animales, Temple recopila toda una colección de imágenes de animales tranquilos, asustados, rebeldes y mansos. Estudia sus movimientos, el ambiente que los rodea y el comportamiento de los hombres que se encargan de ellos. Para ella, mirar y estudiar es lo mismo.

No todo es fácil. Un tipo particularmente rudo, un tal Ron, le impide entrar en las instalaciones, alegando que está prohibida la entrada a las mujeres. Temple, frustrada y enfadada, pero sobre todo enfadada, se hace muchas preguntas: «¿Me echan porque soy una mujer que hace un trabajo de hombres o porque soy autista? ¿Cuál es el mayor problema, ser mujer o ser autista?». Y el hecho de ser autista se lo pone aún más difícil, porque no siempre sabe interpretar los sentimientos de los demás, como la envidia o los celos.

Pero también hay una persona que le echa una mano, fascinada por su tenacidad y la insólita curiosidad por un mundo que normalmente se reserva a los hombres.

—Si te interesa —le dice uno de los granjeros que ha conocido observando el ganado—, tendrías que ir también a las ferias y los rodeos.

Y es precisamente en un rodeo, entre toros bravos, caballos sin domar y juegos de lazo, cuando Temple se arma de valor, se acerca al director de una revista dedicada a la ganadería, la *Arizona Farmer Ranchman,* y le dice:

—Tengo una idea para proyectar rampas para las vacas, ¿le interesa?

—Usted escríbalo y mándemelo. Después veremos —le dice el periodista con curiosidad.

En 1972, se publica el primer artículo de Temple, el primero de muchos que escribirá sobre un tema que tanto le interesa. Desde este momento, convertida en periodista, Temple no volverá a tener dificultades para entrar en los criaderos de ganado y podrá continuar su investigación de campo, a veces apoyada y ayudada, y a veces tratada con desconfianza. Los granjeros le hacen bromas pesadas, le cubren el coche con trozos de carne sanguinolenta. Pero nada de esto la detiene.

Dos años más tarde, Temple termina el máster con su tesis sobre el comportamiento del ganado y llega el momento de demostrar la eficacia y utilidad de las teorías en las que ha estado trabajando durante tanto tiempo. Conocer y entender el comportamiento de las vacas tiene que servir para hacerles la vida más fácil en los criaderos y mataderos, donde son sacrificadas y transformadas en alimento.

Temple Grandin encuentra trabajo en Corran Industries. El director, tras observar a aquella especie de muchacho desarreglado, le aconseja que se vista un poco mejor.

—Mejor, ¿cómo? —pregunta Temple sin entender. A ella le parecen muy bien los monos deformes, los pantalones arrugados y las chaquetas de granjero.

Al final, serán las secretarias las que elijan la ropa por ella. Pero Temple lo tiene clarísimo: nada de faldas, camisetas con decoraciones frívolas, jerséis en tonos pastel ni tacones. Absolutamente no. Desde entonces, su atuendo diario consistirá en pantalones, camisa, botas de vaquero y pañuelo al cuello. Su preferida es una camisa de vaquera de un color fuerte, como el rojo, o con bordados de caballos, cuadros escoceses, lazos, botas, estrellas y cosas así. «Fue entonces cuando decidí ponerme en la camisa una hebilla con forma de vaca —cuenta—. Son mis condecoraciones, como las medallas de un soldado. Empecé con el bronce y ahora he llegado a la plata».

Una de las primeras obras importantes de Temple es una instalación para la desinfección del ganado bovino, ya que había que lavar a las vacas y los terneros de vez en cuando para quitarles los parásitos. Hoy se los protege con la vacunación, pero en aquel tiempo se necesitaban piletas. Como los parásitos estaban también en las orejas, los animales tenían que sumergirse por completo unos instantes. A estos animales no les da miedo el agua, incluso llegan a cruzar ríos sin ningún problema cuando se los guía bien, pero cuando las rampas terminan en piletas que contienen agua y desinfectante, siempre hay algún ejemplar que se asusta, se da la vuelta en el agua y muere ahogado. Parece imposible que unos animales tan grandes se ahoguen en pequeñas piletas de agua, pero así es.

Temple se da cuenta de que es capaz de ver el mundo desde el punto de vista de una vaca. Su capacidad visual, es decir, su manera de almacenar imágenes en la cabeza, se hace muy valiosa, y descubre muchas cosas interesantes. La rampa que los animales tienen que recorrer antes de entrar en la pileta suele ser lisa y resbaladiza. Las pezuñas pierden el agarre y los animales caen violentamente en el agua. Aterrorizados, se giran sobre sí mismos y corren el riesgo de morir.

Así pues, Temple proyecta una instalación con rampas hechas de forma que, cuando los animales pasen por ella, no corran el riesgo de resbalarse y asustarse. Decide que el recorrido que lleva a las piletas tiene que seguir unas líneas curvas, porque se ha dado cuenta de que la vaca se mueve siguiendo siempre una trayectoria curva. Cuando entra lentamente en la pileta, con la cabeza mirando hacia abajo, el animal sigue moviendo las patas en el agua, como si caminara, y así, nadando, recorre los pocos metros que lo separan de la salida, donde lo espera otra rampa cómoda para subir.

Temple no sabe hacer diseño técnico, pero siempre ha sido muy hábil con las manos; una vez, en el colegio, construyó un helicóptero de madera que levantó el vuelo rápido y seguro, como uno de verdad. Y los proyectos nunca han sido un problema para ella. Explicarle a alguien lo que quiere decir sería demasiado complicado.

Por eso, se dedica a observar atentamente a un diseñador muy hábil, que está trabajando en una instalación parecida a la que ella quiere rediseñar, y se fija en los lápices que usa y cómo utiliza las escuadras, las reglas y el goniómetro. Luego, va a comprar el mismo material de diseño que ha visto usar y muchos, muchos folios. Se va a su casa y hace su primer proyecto. «Fue fácil —cuenta—. Veía en la cabeza cómo lo había hecho él, fotograma a fotograma, paso a paso, como si fuera una película, e hice lo mismo».

Su instalación fue recibida con entusiasmo y se construyó con cuidado. Sin embargo, el día de la inauguración, unos granjeros comenzaron el paso de los animales hacia la pileta sin esperarla a ella y, para hacerlo, pusieron una placa de metal lisa encima de la rampa áspera y escalonada que había preparado Temple. Según ellos, las rampas tenían que ser lisas, como siempre, para que los animales resbalen y caigan rápidamente al agua; porque, está claro —dicen— que a los animales hay que obligarlos a entrar en la pileta, o se perdería demasiado tiempo. Con lo cual, sucede exactamente lo que Temple quería evitar. Cuando llega, algunos animales ya han muerto ahogados. Temple se enfada, protesta, y vuelven a poner la rampa escalonada. Desde ese momento, todo procede según lo previsto, como debía ser, lo que demuestra que su proyecto funciona. Pero, entretanto, aquellas vacas habían muerto.

A las personas que trabajan en los criaderos hay que enseñarles a tratar a los animales con respeto. Temple lo repetirá sin cesar: «Mis instalaciones no sustituyen al debido comportamiento que hay que tener con los animales. Una instalación puede construirse a la perfección, pero si los trabajadores no han entendido cómo tienen que tratar a los animales, todos los beneficios se perderán».

Cabría preguntarse para qué sirve modificar las instalaciones si, de todos modos, esos animales están destinados a morir, puesto que los criamos para que nos den su carne.

Puede que su destino no cambie, pero de algún modo lo mejoran.

Capítulo 8

UNA ESCALERA HACIA EL PARAÍSO

Para sus estudios, Temple también va a un matadero. Es un lugar en el que los animales no son maltratados, no sufren, pero de todas formas se dirigen hacia la muerte. No hay alternativa. No hay vía de escape. Es un hecho que Temple no olvida. No puede. Sobre todo, cuando Lee Bell, el hombre que se encarga de abatir a los animales, le pregunta:

—¿Has matado a una vaca alguna vez?

—No.

—Entonces, ha llegado el momento de hacerlo —dice, y le da la pistola de aire comprimido con la que se abate al ganado.

Temple la usa. Es un instante. Primero el animal está vivo y, después de disparar, está muerto. No se mueve. Ya no está. Está, pero ya no está.

Qué raro. Ella se preocupa tanto por el bienestar de los animales, y luego es así de fácil matarlos. Hacer que todo suceda en un instante. Pero ¿qué pasa después con las vacas? Temple se lo pregunta aquel día mientras sale del matadero con el coche. El cielo que se ve a través del parabrisas es precioso, está lleno de nubes. Pero aquella pregunta la persigue. Es una pregunta inmensa, que vale para las vacas y para los demás animales, y, por lo tanto, también para el hombre. Para todos nosotros. Hay muchas respuestas posibles. Temple todavía no ha encontrado la suya, pero sabe una cosa: que a los animales hay que tratarlos con dignidad.

La primera instalación importante de Temple, que consta de una rampa y un sistema de contención, recibe el nombre de «Escalera hacia el paraíso», haciéndose eco del título de una canción dulce y un poco triste de Led Zeppelin. Es el nombre que Temple y sus compañeros de trabajo usan para definir lo que están haciendo. Al fin y al cabo, pensándolo bien no estamos tan lejos de la idea de la trampilla del tejado. Pero esta vez no es Temple la que sube, la que recorre la escalera. Son las vacas en su paso final, cuando, sin saberlo, van hacia la muerte. Para Temple Grandin, este es un proyecto que dura toda la vida, un proyecto que se está convirtiendo en el objetivo de su existencia: hacer que los animales afronten su final, tranquilos, sin miedo ni dolor. Y ella a veces camina a su lado en

el último tramo del camino, para asegurarse de que realmente estén tranquilos y no se den cuenta de lo que les espera. Temple se plantea muchas preguntas: cuando llegue el momento de subir nuestra escalera hacia el paraíso, ¿podremos mirar atrás y sentirnos orgullosos de lo que hemos hecho en la vida? ¿Hemos hecho algo valioso por los demás? ¿Nuestra vida ha tenido sentido?

Son preguntas que, tarde o temprano, nos hacemos todos. Son preguntas importantes para todos. Temple expresa así su respuesta: «Yo quiero esperar que, aunque no exista una vida después de la muerte, de todas formas, quede una huella de energía en el universo. No quiero que mis pensamientos mueran conmigo. Quiero haber hecho algo».

Una vez concluido el proyecto, escribe en su diario: «Esta vez no ha sido una puerta simbólica, con significado únicamente para mí. Ha sido algo real, una cosa que muchas personas se niegan a aceptar».

No se cansará nunca de repetir que llevar a las vacas a la muerte tiene que hacerse con profunda amabilidad. Y lo importante es que los trabajadores, los granjeros y sus jefes lo sepan y estén de acuerdo. Por una parte, los hombres; por la otra, los animales: un ir y venir de pensamientos que rebotan de unos a otros y los conectan de forma que puedan cambiar, renovarse y ser mejores. «Cuanto más dulcemente consigo contener al animal que tiene que morir dentro de la maquinaria que lo bloquea, más en paz me siento», dice Temple.

Y explica: «Las vacas no saben prever cuándo se las va a matar. No se lo esperan. Por lo tanto, no se asustan por la idea de la muerte, no tienen miedo por saber que las van a abatir. Ni siquiera les afecta ver la sangre de otros animales. Pero hay otras cosas que las asustan: los ruidos demasiado fuertes, una botella de plástico blanca y los lugares oscuros, porque quieren ver adónde van. También les asusta la camisa de un granjero colgada en un palo e hinchada por el viento. Todas estas cosas les provocan ansiedad. Y algunas instalaciones de aquella época parecían estar hechas adrede para agitarlas. Maltratar a los animales, o no tratarlos del modo adecuado, les pone nerviosos. El estrés les hace adelgazar. Y un animal al que han pegado o que ha sido golpeado contra las paredes de un corredor y se ha hecho una marca, ofrece peor carne. Al final, tener animales serenos, que no tienen marcas del maltrato porque nadie los ha maltratado, también es una ventaja para la industria cárnica. Pero yo pienso antes que nada en los animales, en las vacas, en los bueyes, en los terneros, en los cerdos. Creo que tienen derecho a que se les trate bien, con respeto, hasta el final de sus días. Nosotros los criamos para comérnoslos, así que, por lo menos, hagamos que sus vidas, y sus muertes, sean serenas».

Capítulo 9

LA LISTA DE LOS FASTIDIOS

Cada vez que empieza a trabajar en un criadero o en una instalación, Temple le entrega al dueño una lista con las cosas que pueden molestar a los animales. Así, él es el primero que puede comprobar si todo está bien, desde el punto de vista del cerdo o de la vaca, aun antes de comenzar un nuevo proyecto. Eso suponiendo que pueda imaginarlo, aunque en el fondo no necesita hacerlo, porque Temple ya lo ha hecho por él. «Porque los animales piensan con imágenes —explica—, igual que yo. No por casualidad, las cosas que les molestan son las mismas que turban a muchas personas autistas, que no soportan lo que produzca desorden a su alrededor. Se necesitaba a una persona con autismo para entender a fondo a los animales y sus sensaciones».

La lista es larga. En las instalaciones, el suelo se limpia constantemente con mangueras, por lo que se forman charcos, y los cerdos, por ejemplo, odian el reflejo de la luz en los charcos; pero solo hay que colocar las luces de forma que no reflejen en los charcos, y problema resuelto. El reflejo de las luces sobre cierto tipo de paredes de acero también molesta a los animales, así como los objetos que se mueven; el ruido de los golpes de trozos de metal; las puertas correderas, si chirrían o hacen ruido; el zumbido de los motores de los camiones y otras máquinas; el silbido del viento; las corrientes de aire; la ropa y las mantas que se mueven con el viento ante ellos; las lonas; los trozos de plástico; las aspas de los ventiladores encendidos; demasiada luz o demasiada oscuridad de golpe, etc. Temple no se cansa de repetirlo: «No hay ningún motivo para hacer sufrir a un animal o molestarlo inútilmente. Lo que a nosotros nos parecen tonterías, son cosas devastadoras para un cerdo o una vaca».

Depende de la visión y del oído, que son distintos de los que tenemos los humanos. Durante mucho tiempo, además, se ha creído que los animales ven en blanco y negro, mientras que hoy se sabe que algunos animales distinguen los colores, y algunos son más molestos que otros. Se cree que sufren menos, y está claro que tienen un umbral del dolor distinto del nuestro, pero esto no quiere decir que no sientan nada.

La lista de detalles es muy valiosa, o, mejor dicho, fundamental, porque en las instalaciones y los criade-

ros, cuando un animal se detiene debido a algo que no se entiende, los granjeros recurren a la garrocha, que antes era un objeto terminado en punta, como una pequeña lanza, y ahora es un bastón que libera una descarga eléctrica que provoca dolor. Un dolor evitable.

El resultado más importante de toda esta atención a los sentidos de los animales y sus reacciones es el recorrido curvo. Si los animales avanzan por un corredor curvo, sin ver el final hasta que casi han llegado, permanecen tranquilos, y mucho más si los laterales son altos y no permiten distracciones. El recorrido curvo imita la forma natural en que se mueven las manadas; si se las observa desde arriba, es evidente que se mueven siguiendo líneas suaves. Además, las vacas prefieren moverse en fila, y las dimensiones del recorrido se hacen de forma que los animales solo puedan pasar de uno en uno, imitando la disposición de las manadas en libertad.

Las instalaciones que proyecta Temple, vistas desde arriba o representadas en las mesas de proyectos, son diseños preciosos de curvas colocadas sobre un terreno llano, como las huellas que se dice que dejan los extraterrestres con sus naves espaciales cuando aterrizan. Hacía falta una especie de extraterrestre como ella para inventar unas estructuras tan especiales. Un extraterrestre es un ser que está fuera de su sitio: no está en su casa, ve y siente las cosas de otro modo, y para él todo es extraño, extranjero.

Hace unos años, Oliver Sacks, neurólogo y escritor, decide conocer a Temple Grandin para escribir sobre ella. Su idea es escribir un libro sobre personas dotadas de capacidades y características que las hacen especiales. El trabajo de Temple ya se conoce en todo el mundo, y también su modo de ver las cosas. Cuando Sacks la llama por teléfono para quedar, ella le explica cómo tiene que llegar a la dirección de la cita dos veces seguidas y casi con las mismas palabras: puede que Temple siga siendo la niña a la que llamaban «grabadora». Lo recibe en su despacho de la universidad con una actitud sencilla y directa, seca. Tiene una forma extraña de moverse, como a tirones, y habla alto y con gran vehemencia. Su casa está repleta de libros. En su habitación tiene el modelo más reciente de su caja de abrazos, e invita a Sacks a probarla. Van a visitar un criadero, y Temple interpreta para él las voces de los terneros y el humor de las vacas.

—Con la gente es distinto —le dice—, es como estudiar a los indígenas de un sitio que no conozco.

Más adelante, Sacks escribe un precioso relato-retrato de Temple Grandin, que incluye en su libro titulado *Un antropólogo en Marte: siete relatos paradójicos*. El título es una frase de Temple: «Yo me siento como un antropólogo en Marte». Un antropólogo es un científico que estudia al ser humano. Pero en Marte, un lugar donde no hay humanos, ¿qué haría un antropólogo?

Capítulo 10

A PESAR DE TODO

Título en Psicología; máster en Ciencias Animales; muchos libros, suyos y sobre ella; una película de su vida; premios, placas y reconocimientos. Temple Grandin es una persona que ha tenido éxito. Normalmente, el éxito es la medida de lo que se vale, pero no siempre corresponde a lo que se es. En el caso de Temple, el éxito es la medida de lo que vale (y lo ha demostrado en el campo, con sus estudios y sus proyectos) y de lo que es. Es la suma de ambas cosas.

Normalmente, ser autista se considera una resta, no una suma. Un problema, una dificultad. Y es cierto que ha sido todo esto para Temple, sobre todo cuando no sabía (cuando no se sabía) lo que quería decir. Pero si hoy sabemos más sobre el autismo, sobre cómo una persona que lo tiene ve y siente el mundo, sobre lo que le gusta y lo que no le gusta, sobre cómo puede comunicar con el mundo de los demás, de los que no son autistas, es también gracias a Temple, que ha sabido explicarlo y contarlo.

El éxito de Temple se debe en parte a esto, a cómo ha logrado traducirles el mundo de los autistas a los que no lo son. Temple Grandin imparte conferencias y estudia el comportamiento animal (hablando y escribiendo sobre alces, perros, peces y palomas), pero también sobre el comportamiento de las personas que tienen algo en común con ella, explicando e incluso hablando por quienes no han salido nunca de la isla en la que ella estaba prisionera de pequeña. Aunque el autismo no es un trastorno del que uno se cura en un momento dado y ya está, sino que es algo que uno lleva consigo siempre.

El autismo no ha impedido a Temple hacer una carrera extraordinaria, poner su grano de arena para cambiar el mundo. «Es lo que siempre ha deseado —dice su madre—. Marcar la diferencia, hacer algo que fuera digno de recordar. Y lo ha conseguido».

Lo ha conseguido a pesar de todo.

Capítulo **11**

AMOR Y OTRAS CATÁSTROFES

«Los demás crean vínculos entre ellos, se quieren —dice Temple—. Yo me aficiono más a los lugares. Cuando murió mi tía Ann me dio mucha pena, pero me sentí peor cuando me dijeron que iban a vender su rancho. Una vez volví para ver la instalación en la que había trabajado de joven y me la encontré oxidada, abandonada, llena de polvo, arrancada del suelo. Estaba horrorizada y lloré. Yo soy así. Creo lazos con las personas con las que trabajo en mis proyectos, eso sí, pero es por los proyectos. Para mí, la alegría viene del trabajo, de las cosas que hago. Lloro si veo una película triste, y me río, más que todos los demás, si veo una comedia. Es como si estuviera siempre encendida al máximo o apagada del todo». Temple se acuerda de una vez que estaba viendo una película en un avión y empezó a reírse tan fuerte que todos los pasajeros la miraron perplejos. «Y se me olvidan las cosas que no me interesan, me cuesta acordarme de las personas, de las caras, si no tienen algo que llame la atención, como la barba muy larga o unas gafas grandes o de algún color, mientras que me acuerdo muy bien de los objetos, como la decoración de la habitación de un hotel en la que haya estado hace mucho tiempo».

¿Y Temple tiene un personaje favorito? «En la universidad —dice—, veía *Star Trek* y me identificaba con el doctor Spock. Él viene de otro planeta y siempre razona de un modo lógico; no entiende cuando se toman decisiones basadas en los sentimientos. Yo soy así. Siempre me ha gustado también el androide Data, que desde lejos parece humano, pero, si te acercas, ves que no lo es. Su inteligencia artificial es vastísima, tiene un cerebro que almacena muchísimos datos. Y él es todo lógica, también. Pero el mundo humano le fascina y le atrae, y le gustaría convertirse en humano». Algo parecido a un Pinocho de ciencia ficción.

El extraterrestre

—Eres raro.
—*Pues claro, soy extraterrestre.*
—¿De dónde vienes?
—*De un planeta, como todos los extraterrestres.*

—¿Qué haces aquí?

—Estoy dando una vuelta. Para ver cómo sois.

—¿Y cómo somos?

—Raros.

—Como tú.

—Exacto.

—¿Por qué has venido a verme?

—Porque estás con los animales. Yo no entiendo a los animales.

—Yo sí.

—¿Cómo lo haces?

—Veo lo que ellos ven.

—¿Y qué ven?

—Imágenes.

—¿Como en el cine?

—Sí. ¿Hay cine en tu planeta?

—Nosotros sabemos un montón de cosas, pero no siempre las entendemos.

—Como yo.

—Supongo que nos pasa a todos.

—¿Qué es lo que no entiendes?

—A ti, por ejemplo.

—Yo tampoco me entendía cuando era pequeña. Luego he aprendido.

—Entonces, ¿cuando crecéis entendéis las cosas?

—No siempre. No todo. ¿Qué es lo que no entiendes de mí?

—Por qué estás siempre con las vacas. Se ve que te gustan. Y luego las acompañas a un sitio para que las maten.

—Ya sé que es raro. Pero me aseguro de que primero estén bien. Que no tengan miedo.

—Pero ¿dónde van las vacas cuando las matan?

—No lo sé. Me lo pregunto siempre. Y también los cerdos. Y los perros.

—A lo mejor van a un planeta.

—¿Crees que existirá?

—Nunca he visto ese planeta. Pero eso no quiere decir que no exista.

—Es una idea bonita.

—Creo que sí.

—Si lo encuentras, ¿vendrás a decírmelo?

—Sí.

«Si pudiera decidir no ser autista, así, sobre la marcha, apretando un interruptor, me negaría —dice hoy Temple—. El autismo forma parte de lo que soy».

Es una afirmación contundente. «Yo no me ofendo si me comparan con un animal —explica—. Las vacas y los perros poseen características admirables. No desencadenan guerras horribles en las que a muchísimos ejemplares de su especie se les tortura y mata. Los animales con el cerebro más complejo, como los chimpancés, los delfines y los hombres, son los que se comportan de un modo más cruel entre ellos. Conforme el cerebro se va haciendo más complejo, aumentan las posibilidades de que se produzcan errores de conexión en los circuitos. Muchas de las personalidades más interesantes de nuestro tiempo han tenido rasgos autistas, como Einstein, por ejemplo. Estos errores de conexión pueden crear verdaderos genios, pero también individuos con grandes dificultades, a menos que no crezcan en un ambiente repleto de afecto, con alguien que sea capaz de enseñarles a distinguir entre el bien y el mal».

El regreso de Bizban

—*Eh.*
—*¿Qué?*
—*¿Estás ahí?*
—*Sí.*
—*¿Te acuerdas de mí?*
—*Sí.*
—*He vuelto.*
—*Hace mucho que no sé nada de ti.*
—*No me necesitabas.*
—*Entonces, ¿por qué has vuelto?*
—*¿Estás enfadada?*
—*Sí.*
—*¿Por qué?*
—*Porque te fuiste.*

—*Tenía que irme.*

—*¿Por qué?*

—*Porque eres mayor. Nosotros siempre nos vamos cuando los niños se hacen mayores.*

—*Y, entonces, ¿por qué has vuelto?*

—*A veces volvemos.*

—*¿Para qué?*

—*Para ver.*

—*No sé si quiero que estés aquí.*

—*Dime que me vaya.*

—*Te puedes quedar, me da igual.*

—*No te da igual.*

—*Puede ser.*

—*Sigues siendo igual.*

—*No creo.*

—*Yo creo que sí.*

—*¿Y eso es bueno?*

—*Creo que sí.*

—*Yo no lo sé. Soy como soy, y ya está.*

—*A mí me gustas así.*

—*¿Aunque sea mayor?*

—*Sí.*

—*¿Y ahora te vas?*

—*Sí.*

—*Entonces, estoy triste. Ya no estoy enfadada, estoy triste.*

—*Estar triste es bueno. No se puede estar siempre contento.*

—*Pero ¿vas a volver?*

—*Puede ser. Si no cambias.*

—*Yo no cambio. Yo soy como soy.*

—Yo no soy capaz de amar —le dice Temple de niña a su madre.

—El amor no es solo esa cosa pegajosa —le explica la madre—. No son solo esos abrazos que te sofocan. El amor es mucho más.

—¿Y qué es?

—Es hacer que las cosas crezcan, las plantas, los animales y también los niños como tú. Es como cuando se planta una semilla, hay que poner atención y tratarla con cuidado, porque si no, los tallos se rompen. Con los cachorros es lo mismo, hay que tratarlos con delicadeza si queremos que sean nuestros amigos.

Temple asiente con la cabeza.

De mayor lo dirá alto y claro: «Nunca entendí a mi compañera, que estaba enamorada del profesor, ni cuando todas se volvían locas con los Beatles. La tragedia de Romeo y Julieta, que mueren por amor, me deja indiferente. Yo no sé lo que es tener una relación profunda con otra persona. Para mí, la felicidad era tirarme desde un trampolín o montar a caballo, y ahora es cuando me aceptan un proyecto o me publican un artículo. La felicidad está en la satisfacción por el trabajo que hago. Y como mi trabajo es estar con los animales, cuando estoy con ellos es como flotar en las nubes. Entiendo que una puesta de sol es bonita, veo los colores; pero no llego a sentirlo. Mis emociones son más simples: rabia, miedo, felicidad y tristeza. Son más parecidas a las de un niño pequeño que a las de un adulto. No logro comprender cosas más complejas, como estar triste y feliz al mismo tiempo o sentir rabia y tristeza a la vez. No consigo entender los matices».

Temple Grandin y Oliver Sacks hablaron de muchas cosas. En un momento dado, él le preguntó: «¿Qué quiere decir amar?».

Ella contestó: «Es cuando te importa alguien, creo que se refiere de algún modo a la amabilidad».

En la vida de Temple hay muchas cosas que han cambiado totalmente desde que era niña. Su problema con el amor, no. Su forma de amar es distinta; quizá es simplemente que pasa a través de otra palabra, la amabilidad. Es como si, con todo su trabajo, ella nos dijera: sed amables con las vacas.

Actualmente, un tercio del ganado bovino y porcino de Estados Unidos vive y muere en instalaciones proyectadas por Temple.

Temple Grandin mira el mundo desde el punto de vista de los animales porque le sale natural, porque sabe hacerlo, porque sí, y gracias a esta mirada suya ha cambiado un poco la vida de las vacas y los cerdos americanos, y el momento de su muerte. Tal vez no sepa definir el amor, pero se puede decir sin sombra de duda que es una mujer profundamente amable. Necesitaríamos, en esta tierra, un poco más de amabilidad.

Viaje a Oz

—Pero ¿yo quién soy? —le pregunta Temple al munchkin.

—Tú eres Temple.

—Yo no soy como los demás. Lo sé —dice Temple bajando la cabeza.

—Escucha, Temple —le dice el munchkin—. No hay nadie que sea como los demás. Cada uno es como es, y punto. Piensa en la historia del Mago de Oz, que tanto te gustaba de pequeña. Piensa en el espantapájaros, que no tenía cerebro. Piensa en el hombre de hojalata, que necesitaba un corazón. Piensa en el león, que quería ser valiente.

—Pero luego lo consiguieron todo —replica Temple—. Hasta Dorothy. Quería volver a casa, y volvió.

—Pero perdió los zapatos plateados. ¿No te acuerdas? No se puede tener todo. Hay que saber bien lo que se tiene y lo que se es. Y entonces todo se hace más fácil. O más difícil.

Notas finales

Se ha escrito mucho sobre Temple Grandin; y ella también ha escrito mucho sobre sí misma, sus proyectos y sus estudios sobre los animales. Si queréis verla y oírla, lo mejor es ver este vídeo:

http://www.ted.com/talks/temple_grandin_the_world_needs_all_kinds_of_minds

Y esta es su página web:

http://www.grandin.com

En cuanto a los libros, los más interesantes son los que ha escrito ella. Interpretar a los animales, *publicado en España por RBA, al principio puede resultar un poco difícil, pero solo hay que saltarse la primera parte y adentrarse en la que los animales son los protagonistas para que todo se vuelva clarísimo; a los que os gusten los animales y queráis entender su comportamiento, descubriréis muchísimas cosas. El relato de Oliver Sacks,* «Un antropólogo en Marte»*, que forma parte del libro titulado* Un antropólogo en Marte: siete relatos paradójicos, *publicado por la editorial Anagrama (una colección de relatos dedicados a personas realmente especiales), también es muy apasionante; narra el encuentro entre Sacks, neurólogo, estudioso y profesor universitario, y Temple, una mujer autista de éxito. Dice Sacks que, curiosamente, casi siempre se habla de niños autistas, y no de adultos, como si los niños desaparecieran en algún momento. ¿Qué pasa después? ¿Qué vida*

le espera a una persona autista? Él se lo planteó y quiso conocer a Temple, que es una respuesta muy especial a esa pregunta.

El mejor libro para sumergirnos en la infancia de Temple es **A thorn in my pocket** *(Una espina en el bolsillo)*, de Eustacia Cutler, la madre de Temple; su relato está escrito en primera persona y es directo, escueto y, a veces, cruel.

Normalmente se escribe la biografía de una persona que se ha conocido después de pasar un tiempo con ella y de que te haya contado cómo ha sido su vida, o bien se reconstruye la vida de una persona que ya ha fallecido. Pero esta es una breve biografía de una persona que vive y hemos escrito sin reunirnos con ella. En todos los casos hay que trabajar con muchísimo respeto, sin inventar y siendo concretos.

La única libertad total que nos hemos tomado en este libro, fruto de la pura invención, son las partes escritas en cursiva, que se basan en frases y pensamientos de Temple, pero, desde luego, no las reproducen literalmente. Por otra parte, el escritor se mete siempre en la cabeza de los demás. En cierto sentido, *ese es* su oficio.

Ese, y contar las historias de los demás.

Para saber más

REFLEXIONES SOBRE EL AUTISMO
a cargo de Stefania Ucelli y Francesco Barale

Temple Grandin ha realizado una contribución muy importante en el desarrollo de los conocimientos sobre el autismo y, como hemos visto, no solo en este campo.

Al ser una persona autista, su extraordinaria vida se ha caracterizado por comportamientos insólitos y valientes, una gran tenacidad y una capacidad excepcional de describir «desde dentro» la experiencia de una persona con autismo.

Pero para comprender bien la importancia de Temple hay que remontarse un poco más en el tiempo y descubrir algo más sobre el autismo.

¿QUÉ ES EL AUTISMO?

El autismo es una condición muy particular. Durante las últimas décadas se habla mucho del autismo porque es uno de los ámbitos de estudio más destacados de la neurociencia (y otras ciencias que tratan de explicar el funcionamiento del sistema nervioso) y porque se ha descubierto que afecta a muchísimas personas, muchas más de las que se pensaba. Esencialmente, el autismo está relacionado con ciertas dificultades de algunos de los «ingredientes» básicos que conforman lo que todos somos, es decir, animales sociales. De hecho, desde pequeños interactuamos con nuestros iguales, crecemos entre ellos aprendiendo espontáneamente a intuir las emociones y las intenciones, y a comportarnos automáticamente en

Para saber más

consecuencia; exploramos con curiosidad las posibilidades de relacionarnos con los demás, e, incluso antes de hablar, desarrollamos formas de comunicación cada vez más complejas. Luego comenzamos a hablar y, junto a nuestros iguales, construimos un mundo de percepciones y significados comunes, un ambiente en el que aprendemos a nadar como peces en el agua, es decir, un mundo humano que nos es familiar y del que, sin ni siquiera pensarlo, aprendemos reglas y costumbres.

Como veis, hemos utilizado el término «condición», puesto que no se trata de una enfermedad que haya que curar, sino de una condición humana particular que hay que comprender y con la que tenemos que sintonizar. Se trata de una condición en la que los ingredientes básicos de la naturaleza social humana no se encuentran del todo ausentes (por ejemplo, sería un error pensar que las personas autistas no tienen afectos o deseos de socializar), sino que desde el principio se hallan combinados, por así decirlo, de una manera muy especial, lo que da origen a muchas dificultades, y también a muchas particularidades.

Las personas autistas y las que no son autistas tienen modos muy distintos de percibir el mundo. En consecuencia, el autismo es una condición en la que se hace dificilísimo aprender a estar con los demás y comunicar con ellos; lo que, por el contrario, tiene lugar espontáneamente durante el crecimiento de las personas que no son autistas. Para los autistas, el mundo de los seres humanos (que para nosotros es tan sencillo y fácil de descifrar) es un lugar misterioso que posee reglas que ellos no

Para saber más

entienden. Podríamos decir que aprender a orientarse en él es como aprender un idioma extranjero complicadísimo y con un alfabeto indescifrable; se puede apelar a una humanidad común, pero las reglas siguen siendo un misterio. Temple Grandin comparó la condición de las personas autistas con la de un hipotético «antropólogo en Marte». Imaginaos por un momento que estáis en Marte y tenéis que estudiar y entender los usos, costumbres e idioma de los marcianos para poder relacionaros con ellos...

EL AUTISMO ENTRE LA HISTORIA Y LA LEYENDA

Incluso antes de recibir este nombre, durante siglos el autismo había despertado la curiosidad de muchísimas personas. Los estudiosos no lo entendían. Por poner un ejemplo, Linneo, el mayor naturalista del siglo XVIII, autor de una importante clasificación de las especies vivientes, encontró grandes dificultades a la hora de clasificar a Peter, un famoso muchacho autista (entonces no se usaba esta palabra) que se había encontrado unos años antes en estado salvaje en los bosques cercanos a Hannover, donde lo había abandonado su madrastra. Peter, por su belleza, espontaneidad y candor (que era la otra cara de su absoluta ignorancia de las reglas sociales), había fascinado al príncipe de Hannover, que, tras convertirse en el rey Jorge de Inglaterra, se lo llevó a vivir a la corte. Evidentemente, el muchacho poseía muchas habilidades (¡había logrado sobrevivir solo en el bosque!), pero no sabía hablar. Peter, protegido por el rey, correteó

Para saber más

durante muchos años en estado salvaje por el palacio real y los jardines de Kensington, entusiasmando y escandalizando con sus extrañezas (hoy las llamaríamos «comportamientos problemáticos») a las damas de la corte.

Linneo, que tenía una mentalidad un poco rígida y clasificadora, decidió al final que Peter pertenecía a una variante particular del *Homo sapiens*, privada de lenguaje y capacidades sociales, a la que llamó *Homo ferus*. Para el príncipe de Hannover (y otras personas cultas de la época), Peter representaba una especie de hallazgo extraordinario, el hombre «en estado natural», es decir, antes de recibir la influencia (y, según algunas teorías de esa época, la corrupción) de la civilización y la educación. Anteriormente, el autismo ya había dado origen a infinitas leyendas, mitos y supersticiones. Había intrigado a religiosos, filósofos y literatos. Sobre personas autistas habían escrito autores como Defoe y Swift. Hasta la historia de Peter Pan se inspiró en «Peter el Salvaje», el niño autista que el rey Jorge I acogió en la corte. En algunos lugares, estas personas, que se comportaban como «si hubieran caído del cielo» (como dirá uno de los pioneros de la ciencia del autismo, H. Asperger), incluso fueron veneradas como portadoras de algo sagrado: muchos «santos locos» de la tradición rusa, por ejemplo, eran autistas que inspiraron la creación de personajes de la literatura rusa. En otros lugares se difundió la leyenda de que eran «niños que traían las hadas». En cambio, del intento de educar a otro muchacho autista, Víctor, al que encontraron abandonado en un bosque (esta vez de Francia, en Aveyron), nació, entre finales del siglo XVIII y principios del XIX, una controversia histórica

Para saber más

(destinada a hacerse interminable y continuar en nuestros días) en la que participaron muchos estudiosos: ¿qué era más importante en el crecimiento humano, la disposición natural o la educación, la naturaleza o la cultura?

AISLAMIENTO, REPETITIVIDAD E «ISLAS DE CAPACIDAD»

No será hasta 1943 cuando la palabra autismo (que deriva del griego *autòs* y quiere decir «encerrado en uno mismo, sin contacto con el exterior») haga su entrada «oficial» en la Medicina. Lo describen –casi al mismo tiempo y sin saberlo– el psiquiatra judío Leo Kanner, que había escapado de Austria huyendo de las persecuciones nazis y para entonces vivía en Estados Unidos, y otro austríaco, en Viena, el pediatra Hans Asperger. La descripción de Kanner es la más conocida. Tras observar a once niños, Kanner los definió como niños afectados por «trastorno autista del contacto afectivo», niños «inalcanzables», carentes de relación normal con los demás, por lo que solían mostrar desinterés hasta el punto de parecer sordos; sin embargo, normalmente eran muy sensibles a los ruidos y a las más mínimas variaciones ambientales (por ejemplo, llegaban a oír el ruido que produce el papel de un caramelo cuando se abre a tres habitaciones de distancia). «Lo que más impresiona de Charlie –escribió Kanner– es su inaccesibilidad, su desinterés. Camina como si fuera su sombra, vive en un mundo aparte...». Al mismo tiempo, la madre de Charlie escribió desesperada: «¡No consigo llegar hasta mi hijo!». En la descripción de Kanner, las características principales de esta insólita

Para saber más

condición eran tres, y estaban relacionadas entre ellas. Por lo tanto, eran –como se dice en Medicina– un «síndrome» (palabra que deriva del griego y quiere decir «cosas que van juntas, que se relacionan entre ellas»). La primera característica era ese misterioso aislamiento, esa sensación de evanescencia de la relación normal con los demás, que, más que a una timidez extrema, se parecía a una dificultad para sintonizar, como si estos niños estuvieran en una longitud de onda particular, en una estación de radio distinta, y todo el mundo de las interacciones humanas les pareciera extraño o misterioso. La segunda característica era una extraña necesidad de repetición y de esquemas inmodificables, una intolerancia a las variaciones bruscas, a todo lo que era impredecible, además de una tendencia a concentrarse obsesiva y tenazmente en ámbitos de interés muy particulares, e incluso insólitos, en los que a veces eran capaces de desarrollar unas competencias sorprendentes. Kanner llamó a este aspecto «deseo obsesivo de repetitividad e inmodificabilidad». Además de estas dos primeras características, que más o menos permanecieron en todas las definiciones posteriores, Kanner señaló una tercera: la presencia de «islas de capacidad». Estos niños, que tantas dificultades tenían en el mundo, que tan privados estaban de capacidades sociales y a menudo incluso de habla, mostraban inesperadas áreas de competencia. Según los casos, podía tratarse de capacidades musicales, de cálculo, de memoria, de fotografiar de manera «visual» e inmediata las relaciones entre las cosas (lo que Temple Grandin llama «pensar con imágenes»). En ciertos casos, estas capacidades llegaban a ser extraordinarias.

Para saber más

En resumen, el autismo es realmente una condición singularísima, en la que conviven discapacidades importantes (por todo lo que se refiere a la vida social, la comunicación y la interacción con los demás), restricciones y rigidez, pero también habilidades y modos muy peculiares de organizar el propio mundo de las experiencias.

MADRES FRÍAS Y NIÑOS «CAPARAZÓN»

La historia del autismo es muy complicada y durante mucho tiempo los estudiosos no lograron entenderlo. Es más, durante décadas, hasta los años ochenta del siglo pasado, muchos de ellos se equivocaron por completo: pensaron que, de algún modo, esta condición humana era una forma de «cerrarse» por culpa de los errores o insuficiencias de los padres, y, especialmente, de las madres. Como si el autismo no fuera una forma especial de funcionamiento de la mente y el cerebro de aquellos niños desde el principio de su vida, sino una especie de «caparazón» que construían para defenderse de los miedos. Este error tuvo consecuencias terribles y a los padres se les acusó de ser los responsables del autismo de sus propios hijos.

Menos mal que, en las últimas tres décadas, gracias a las investigaciones científicas se ha demostrado definitivamente que las pobres madres no tenían nada que ver y que, si los niños y las personas autistas eran como «peces fuera del agua» en las interacciones normales, la causa no estaba ni en una falta de «empatía» o afecto de los padres ni en una falta de curiosidad por el mundo por parte de los niños.

Para saber más

Desde luego, sentirse como «peces fuera del agua» no es fácil, puesto que genera sentimientos de exclusión, humillación y aislamiento, además de una tendencia a cerrarse como método de defensa, lo que limita ulteriormente cualquier posibilidad de relación. Para que esto no ocurra, hay que aprender cómo funciona la mente autista y conectar con sus particularísimas características, con sus dificultades y también con sus capacidades. Por último, hay que crear ocasiones de encuentro que puedan propiciar un punto de contacto con las personas autistas, de forma que no sigan sintiéndose como «peces fuera del agua» o «antropólogos en Marte».

Para saber más

LA CONTRIBUCIÓN DE TEMPLE GRANDIN
A LA COMPRENSIÓN DEL AUTISMO

La investigación científica de las últimas décadas ha arrojado mucha luz en cuanto al funcionamiento de la mente autista y la necesidad de encontrar lugares de encuentro que funcionen como «tierras intermedias», es decir, como puentes entre la Tierra y Marte, donde se puedan establecer puntos de contacto con las personas con autismo respetando su singular y particularísima humanidad.

En este aumento de los conocimientos, que ha sido largo y fatigoso, también han jugado una parte importante personas como Temple, que han ofrecido una «descripción desde dentro» de la condición autista.

En el caso de Temple, esto ha sido posible gracias a su extraordinaria inteligencia y a la tenacidad combativa con la que ha seguido describiendo y defendiendo su diversidad. Lamentablemente, no todas las personas con autismo tienen el «altísimo rendimiento» de Temple, su genialidad y su capacidad de habla. Es más, la mayoría no tiene ninguna capacidad de habla y, a menudo, las mismas razones que han alterado las bases de sus capacidades sociales también han producido una incapacidad más general. Precisamente la existencia de «casos puros» de autismo –no solo sin reducción de las capacidades cognitivas en general, sino incluso acompañados de una especial inteligencia– es lo que ha permitido que el estudio del autismo dé pasos de gigante.

Temple Grandin ha ofrecido descripciones muy vivas de cómo funciona su mente en cuanto al bien y el mal, las dificultades

Para saber más

básicas y los aspectos más geniales, como su capacidad de «pensar con imágenes».

Sin duda, las personas autistas que, como Temple, han conseguido describir su condición han contribuido enormemente al avance de los estudios sobre el funcionamiento de la mente autista (que se han desarrollado asimismo gracias a las modernas tecnologías de visualización del funcionamiento del cerebro y sus conexiones).

Las descripciones de este tipo también han contribuido al avance del estudio de los aspectos clínicos. En su libro *Pensar con imágenes: mi vida con el autismo*, Temple cita la siguiente frase de Therese Joliffe, persona autista de altísimo rendimiento que ha conseguido un doctorado de investigación sobre el autismo y nos ayuda a entender muchas cosas acerca de «la necesidad obsesiva de rutina y repetitividad» que Kanner describió: «La realidad para una persona autista es una masa confusa de acontecimientos, personas, lugares, sonidos y señales. Nada parece tener límites definidos, orden o significado. He dedicado gran parte de mi vida a descubrir el diseño oculto de cada una de las cosas. Fijar rutinas, horarios, rutas y rituales particulares ayuda a introducir un orden en una vida inexorablemente caótica».

Para saber más

UNA ENSEÑANZA PARA TODOS

Todos, no solo las personas autistas, le debemos mucho a Temple Grandin.

Por lo que se refiere al autismo, su historia nos deja algunas enseñanzas que podríamos resumir así:

- Las peculiaridades y dificultades autistas generan «mundos» intensos y complejos cuya especificidad hay que comprender. Como escribimos en un ensayo hace unos años: «El autismo no es ni un conjunto insensato de comportamientos desviados secretos de cerebros rotos ni una "fortaleza vacía", sino una debilidad plena».

- Las anomalías del funcionamiento de la mente y el cerebro que causan el autismo son el origen, no solo de problemas a veces terribles, sino muchas veces también de aspectos de originalidad, y, en algunos casos excepcionales, de genialidad.

- La incapacidad autista no es nunca «ni estática ni global», como escribió una vez una célebre estudiosa del autismo, Uta Frith. A pesar de estar tan arraigada en el ser de la persona, puede mejorar con intervenciones concretas y los servicios adecuados. En los ambientes en los que las características del autismo se comprenden y respetan (los contextos *autism friendly*), las personas con autismo demuestran capacidades y sensibilidades inesperadas, necesidad de estar con los demás y afectos intensos, si bien suelen ser subterráneos y silenciosos. Temple expresa

Para saber más

bien esta combinación de ingenuidad, incompetencia social e insólita capacidad de entrar en contacto con los demás.

- El triste destino de soledad que a menudo caracteriza a las personas autistas no es inevitable, no forma parte de la propia naturaleza del autismo. Pero para evitarlo hay que acercarse a estas singulares formas de vida con paciencia, simpatía y humildad, olvidar los errores del pasado (las madres, las corazas...) y tratar de entender de verdad cómo funcionan y cuáles son sus peculiaridades. En esto, la historia de Temple también es ejemplar.

Queremos concluir con una enseñanza que va más allá de los conocimientos sobre el autismo, una enseñanza que se refiere a todos nosotros. Se trata del orgullo, la fuerza y el coraje con el que Temple siempre ha reivindicado la dignidad de su «diversidad»:

«Me llamo Temple Grandin [...] No soy como las demás personas [...] Yo pienso en imágenes [...] Soy una persona distinta, no inferior».

En cuanto a esto, se nos vienen a la cabeza dos cosas. La primera es lo que ha escrito otra persona con autismo, Jim Sinclair:

«El autismo no es una cosa que una persona "tiene", independientemente de ella, ni una "concha" en la que está escondido o prisionero un "niño normal", al que, insistiendo, al final conseguiremos sacar de ahí. El autismo es un modo de ser... que da color a cada experiencia... a cada aspecto de la existencia... No podéis separar el autismo de la persona, mi autismo de mí. Aunque fuera posible (que no lo es), no quedaría nada. Por eso, lo que quiero no es, suponiendo que sea posible

Para saber más

(que no lo es), que me quitéis mi autismo, ni tampoco que me obliguéis a adaptarme de algún modo a vuestro mundo. Lo que quiero es que se me entienda por lo que soy, que se me respete por lo que soy y por cómo funciono, y que al menos una pequeña parte del mundo que compartimos se adapte a mí también».

La segunda es un recuerdo personal. Hace unos quince años, uno de nosotros viajó durante un tiempo por varios países, fuera de los circuitos «oficiales» y académicos, para ver con sus propios ojos cuáles eran los mejores contextos y los que realmente funcionaban para las personas con autismo, en los que pudieran vivir bien más fácilmente. Fue durante aquellos viajes, e inspirada en experiencias análogas por el extranjero, cuando nació la idea de Cascina Rossago, la granja social fundada hace trece años en las colinas de Oltrepò Pavese, que albergó a los que fueran veinticuatro niños autistas, hoy convertidos en adultos que felizmente siguen viviendo allí y trabajan, cada uno según sus capacidades, en las múltiples actividades de la granja. En Cascina Rossago no hay vacas, sino árboles frutales, varios tipos de cultivo, muchos animales y un criadero de alpacas, que produce la lana para los que trabajan el tejido, así como continuos y animados intercambios con el territorio. Aunque no haya vacas, estamos seguros de que este lugar le gustaría a Temple. Uno de los recuerdos más importantes de aquellos viajes fue la grabación de un chico que vivía en una comunidad agrícola alemana, en Hof Meyerwiede, cerca de Bremen. Se llamaba Martin Schiele. No tenía las dotes de Temple, pero se presentó

Para saber más

–con el mismo orgullo de sí mismo y reivindicando la misma igualdad en dignidad– pronunciando, satisfecho del trabajo que había aprendido en la granja, estas palabras:

«Ich bin Martin. Ich bin Martin Schiele. Ich bin Autistic. Ich bin einer Tischler».

(Yo soy Martin. Yo soy Martin Schiele. Yo soy autista. Yo soy carpintero).

A Temple, a Martin, a Giovanni, a todos los chicos de Cascina Rossago, a todos los cientos de personas con autismo que hemos conocido y que han enriquecido nuestra vida.

Stefania Ucelli y Francesco Barale

Cascina Rossago, febrero de 2015

Para saber más

Cascina Rossago

De una idea de la Fondazione Genitori per l'Autismo (Fundación Padres por el Autismo) nace en 2002 Il progetto Cascina Rossago, experiencia piloto en Italia. El proyecto quería dar respuesta a las necesidades de socialización y relación que tienen, como todos sus coetáneos, los jóvenes adultos autistas, pero teniendo en cuenta las características y dificultades específicas relacionadas con el autismo. Las necesidades típicas de las personas con autismo son la constancia, la estabilidad, la organización, la atención a la comunicación y la riqueza de estímulos significativos que no sean caóticos y estén bien regulados. El ambiente agrícola, con sus ritmos naturales, su estabilidad de fondo y la posibilidad de ocuparse de un amplio abanico de actividades en las que todos, desde el más hábil hasta el menos hábil, pudieran participar, se prestaba a dar una buena respuesta a estas necesidades.

En Cascina Rossago, cada residente (veinticuatro personas en total) trabaja siguiendo programas definidos, estructurados y personalizados que tienen en cuenta tanto sus habilidades como sus actitudes y motivaciones. Además de las actividades agrícolas, el establo y las instalaciones destinadas a la cría y el tejido, hay un laboratorio de cerámica y otro de pintura. En la granja trabajan unas cuarenta personas, entre educadores, maestros de obra y personal encargado de la asistencia y los servicios. Poco a poco se ha desarrollado un método de trabajo particular que pone en práctica todos los conocimientos recientes sobre el autismo, pero con un enfoque ecológico, que respeta a la persona y cuida las relaciones.

Para saber más:
www.fondazionegenitoriautismo.it/cascinarossago.php

Para saber más

Índice

Prólogo 6
Cap. 1: Sin reír, sin llorar 9
Cap. 2: El silencio y las espinas 17
Cap. 3: El colegio y las historias 22
Cap. 4: Un profesor especial 31
Cap. 5: Unas vacaciones memorables 40
Cap. 6: Los techos y las puertas 46
Cap. 7: Las granjeras también se entristecen 54
Cap. 8: Una escalera hacia el paraíso 62
Cap. 9: La lista de los fastidios 67
Cap. 10: A pesar de todo 72
Cap. 11: Amor y otras catástrofes 74
Notas finales 84

Para saber más 87

La autora:
BEATRICE MASINI

Nació en Milán. Tiene dos hijos, Tommaso y Emma, y un perro salchicha, Tito. Estudió Filología clásica, es periodista, traductora y editora (es decir, se ocupa de los libros de los demás), y escribe fábulas, historias y novelas para niños y adultos.

La ilustradora:
VITTORIA FACCHINI

Nació en Molfetta, Apulia. Estudió Ilustración en Venecia con Emanuele Luzzati. De este encuentro nació su decisión de «ilustrar» sin traicionar esa carga de energía disruptiva e irreverente que caracteriza el estilo de sus dibujos.

Le gusta dibujar historias en grandes superficies y muebles viejos y crear trozos de suelo. Comparte su estudio del puerto con las gatas Amelì y Nolca, y el gatito «ilustrador» Lucino; y comparte su vida y buenas ideas con Greta, Ciuchino y Agnellina, sus tres adorados perritos.